The Chameleon And Other Stories: Bilingual French-English Stories for Kids

Pomme Bilingual

Published by Pomme Bilingual, 2024.

While every precaution has been taken in the preparation of this book, the publisher assumes no responsibility for errors or omissions, or for damages resulting from the use of the information contained herein.

THE CHAMELEON AND OTHER STORIES: BILINGUAL FRENCH-ENGLISH STORIES FOR KIDS

First edition. July 10, 2024.

Copyright © 2024 Pomme Bilingual.

ISBN: 979-8227048301

Written by Pomme Bilingual.

Table of Contents

Léon le Caméléon Détective

Dans une jungle luxuriante où les lianes se mêlaient aux arbres géants et où les fleurs tropicales éclataient en mille couleurs, vivait un caméléon nommé Léon. Mais Léon n'était pas un caméléon ordinaire. Tandis que ses congénères se contentaient de changer de couleur pour se fondre dans le décor, Léon avait un talent très spécial : il pouvait prendre les motifs des choses qu'il touchait. Un jour, il pouvait ressembler à un livre de contes de fées avec des pages dorées, le lendemain à une couverture de plaid à carreaux rouges et noirs.

Mais Léon avait un autre talent encore plus extraordinaire. Il était détective. Dans la jungle, quand il y avait un mystère à résoudre, tous les animaux savaient à qui s'adresser : Léon le Caméléon Détective.

Un matin, alors que le soleil se levait paresseusement derrière les montagnes, Léon fut réveillé par un tapotement urgent à sa porte. C'était Coco le perroquet, ses plumes rouges éclatantes frémissant d'excitation.

"Léon, Léon ! Il y a un mystère !" s'écria Coco. "Les bananes de la réserve de monsieur Singe ont disparu !"

Léon s'étira, laissant ses écailles changer de vert à jaune en passant par bleu, un spectacle toujours fascinant. "Pas de panique, Coco. Nous allons résoudre cela."

Ils partirent immédiatement pour la réserve de monsieur Singe. En chemin, Léon réfléchissait déjà. Qui pouvait bien vouloir voler des bananes ? Un singe ennemi ? Un animal affamé ? Ou quelqu'un d'autre ?

À leur arrivée, monsieur Singe les attendait, les bras croisés et l'air très contrarié. "Toutes mes bananes ont disparu, Léon ! Je ne sais plus quoi faire !"

Léon inspecta la réserve. Le sol était jonché de peaux de banane, mais une chose attira son attention : de petites empreintes, bien trop petites pour être celles d'un singe adulte.

"Allons voir Pépé Tortue," proposa Léon. "Il a peut-être vu quelque chose depuis son rocher."

Pépé Tortue vivait non loin de là, sur un grand rocher ensoleillé. Quand ils arrivèrent, il était en pleine sieste.

"Pépé Tortue, désolé de vous réveiller," dit Léon doucement. "Avez-vous vu quelque chose d'étrange ce matin ?"

Pépé Tortue ouvrit lentement les yeux. "Eh bien, maintenant que vous en parlez, j'ai vu un groupe de petits singes courir vers le ruisseau avec des bananes. Ils avaient l'air très pressés."

Léon remercia Pépé Tortue et se dirigea vers le ruisseau avec Coco et monsieur Singe. En chemin, Léon réfléchissait. Pourquoi ces petits singes auraient-ils volé les bananes ? Ils devaient avoir une bonne raison.

Quand ils arrivèrent au ruisseau, ils trouvèrent les petits singes en train de faire un festin. Ils semblaient si joyeux que Léon hésita à les interrompre. Mais monsieur Singe, furieux, s'écria : "Rendez-moi mes bananes immédiatement !"

Les petits singes sursautèrent et l'un d'eux, visiblement le chef, s'avança. "Nous sommes désolés, monsieur Singe. Nous ne voulions pas voler vos bananes. Nous avions si faim et notre maman est malade. Nous ne savions pas quoi faire."

Monsieur Singe parut surpris. "Votre maman est malade ? Pourquoi ne l'avez-vous pas dit ? Nous aurions pu vous aider."

Léon prit la parole. "Je pense qu'il y a eu un malentendu. Si votre maman est malade, nous devons l'aider. Allons la voir."

Les petits singes conduisirent le groupe à leur maison dans les arbres. Leur maman, une vieille singe fatiguée, était allongée, visiblement faible. Léon, avec ses couleurs apaisantes, s'approcha doucement.

"Madame Singe, que vous arrive-t-il ?" demanda-t-il avec compassion.

"Je ne sais pas," murmura-t-elle. "Je me sens si faible depuis quelques jours."

Léon examina la situation. "Je pense que vous avez besoin de repos et de bons soins. Monsieur Singe, pourriez-vous partager quelques bananes avec cette famille ? Et Coco, pourrais-tu demander à docteur Toucan de venir ici ?"

Monsieur Singe hocha la tête, moins fâché maintenant qu'il comprenait la situation. "Bien sûr, Léon. Je suis désolé de m'être emporté. Ils peuvent garder les bananes."

Coco s'envola pour aller chercher le docteur Toucan. Pendant ce temps, Léon resta avec les petits singes et leur maman, changeant de couleurs pour les distraire et les réconforter.

Peu après, docteur Toucan arriva avec ses lunettes rondes et son sac de médecin. Il examina madame Singe et déclara : "Rien de grave. Elle a juste besoin de repos et de bien manger. Les petits, vous avez bien fait de chercher de la nourriture, mais la prochaine fois, demandez de l'aide."

Les petits singes promirent de ne plus jamais voler. Monsieur Singe les aida à transporter des bananes supplémentaires, et bientôt, toute la famille singe retrouva la santé.

Léon, satisfait, rentra chez lui. Une nouvelle journée dans la jungle et un autre mystère résolu grâce à Léon le Caméléon Détective. Il s'étira, se blottit dans son hamac en forme de feuille, et changea doucement de couleur pour s'endormir. Les animaux de la jungle pouvaient dormir tranquilles : avec Léon parmi eux, aucun mystère ne resterait irrésolu bien longtemps.

Leon the Chameleon Detective

In a lush jungle where vines entwined with giant trees and tropical flowers burst into a thousand colors, lived a chameleon named Leon. But Leon was no ordinary chameleon. While his peers were content to change colors to blend into their surroundings, Leon had a very special talent: he could take on the patterns of the things he touched. One day, he could look like a fairy tale book with golden pages, the next day like a red and black plaid blanket.

But Leon had another even more extraordinary talent. He was a detective. In the jungle, when there was a mystery to solve, all the animals knew who to turn to: Leon the Chameleon Detective.

One morning, as the sun lazily rose behind the mountains, Leon was awakened by an urgent tapping at his door. It was Coco the parrot, his bright red feathers quivering with excitement.

"Leon, Leon! There's a mystery!" cried Coco. "Mr. Monkey's banana stash has disappeared!"

Leon stretched, letting his scales change from green to yellow to blue, a spectacle always fascinating. "Don't panic, Coco. We'll solve this."

They set off immediately for Mr. Monkey's stash. On the way, Leon was already thinking. Who could want to steal bananas? An enemy monkey? A hungry animal? Or someone else?

When they arrived, Mr. Monkey was waiting for them, arms crossed and looking very upset. "All my bananas are gone, Leon! I don't know what to do!"

Leon inspected the stash. The ground was littered with banana peels, but one thing caught his eye: small footprints, far too small to be an adult monkey's.

"Let's go see Grandpa Turtle," suggested Leon. "He might have seen something from his rock."

Grandpa Turtle lived nearby on a large sunny rock. When they arrived, he was taking a nap.

"Grandpa Turtle, sorry to wake you," Leon said gently. "Have you seen anything strange this morning?"

Grandpa Turtle slowly opened his eyes. "Well, now that you mention it, I saw a group of little monkeys running towards the stream with bananas. They looked in a hurry."

Leon thanked Grandpa Turtle and headed towards the stream with Coco and Mr. Monkey. Along the way, Leon was thinking. Why would these little monkeys steal bananas? They must have a good reason.

When they arrived at the stream, they found the little monkeys having a feast. They seemed so happy that Leon hesitated to interrupt them. But Mr. Monkey, furious, shouted, "Give me back my bananas immediately!"

The little monkeys jumped, and one of them, obviously the leader, stepped forward. "We're sorry, Mr. Monkey. We didn't mean to steal your bananas. We were so hungry, and our mom is sick. We didn't know what to do."

Mr. Monkey looked surprised. "Your mom is sick? Why didn't you say something? We could have helped."

Leon spoke up. "I think there's been a misunderstanding. If your mom is sick, we need to help. Let's go see her."

The little monkeys led the group to their tree home. Their mom, an old tired monkey, was lying down, visibly weak. Leon, with his soothing colors, approached gently.

"Madam Monkey, what's wrong?" he asked with compassion.

"I don't know," she murmured. "I've felt so weak for a few days."

Leon assessed the situation. "I think you need rest and good care. Mr. Monkey, could you share some bananas with this family? And Coco, could you ask Doctor Toucan to come here?"

Mr. Monkey nodded, less angry now that he understood the situation. "Of course, Leon. I'm sorry I got so upset. They can keep the bananas."

Coco flew off to fetch Doctor Toucan. Meanwhile, Leon stayed with the little monkeys and their mom, changing colors to distract and comfort them.

Soon, Doctor Toucan arrived with his round glasses and doctor's bag. He examined Madam Monkey and declared, "Nothing serious. She just needs rest and proper food. Little ones, you did well to find food, but next time, ask for help."

The little monkeys promised never to steal again. Mr. Monkey helped them carry extra bananas, and soon, the monkey family was on the path to recovery.

Leon, satisfied, returned home. Another day in the jungle and another mystery solved thanks to Leon the Chameleon Detective. He stretched, nestled into his leaf-shaped hammock, and slowly changed colors as he fell asleep. The animals of the jungle could sleep soundly: with Leon among them, no mystery would remain unsolved for long.

Gaston, le Fermier Malin

Dans un petit village pittoresque entouré de champs verdoyants et de collines ondulantes, vivait un fermier nommé Gaston. Mais Gaston n'était pas un fermier ordinaire. Alors que la plupart des fermiers se contentaient de cultiver leurs terres et d'élever des animaux, Gaston avait un talent très spécial : il pouvait parler aux animaux. Chaque matin, il sortait de sa petite maison de pierre avec son grand chapeau de paille et saluait ses amis animaux en leur souhaitant une bonne journée.

Un jour, alors que Gaston était occupé à traire ses vaches, il remarqua quelque chose d'étrange. Les poules semblaient agitées et les moutons ne voulaient pas sortir de leur enclos. Il décida d'enquêter. En se rapprochant du poulailler, il entendit des murmures inquiets.

"Qu'est-ce qui se passe ici ?" demanda Gaston en regardant ses poules.

"Pépé le coq a disparu !" s'écria l'une des poules en battant des ailes de panique. "Il n'est pas revenu depuis hier soir."

Gaston fronça les sourcils. Pépé le coq était le plus courageux de tous les animaux de la ferme, toujours prêt à protéger les poules et à les réveiller chaque matin avec son chant. Sa disparition était très préoccupante.

"Ne vous inquiétez pas," dit Gaston d'une voix rassurante. "Je vais retrouver Pépé."

Il se mit en route avec son chien fidèle, Milo, à ses côtés. Milo était un chien de berger très intelligent, toujours prêt à aider Gaston dans ses enquêtes. Ils commencèrent par fouiller la ferme, regardant derrière chaque botte de foin et dans chaque recoin.

Ils ne trouvèrent aucune trace de Pépé. Gaston décida alors d'interroger les autres animaux. Il se rendit d'abord au pré où paissaient les vaches.

"Avez-vous vu Pépé le coq ?" demanda-t-il.

"Non," répondit Marguerite, la vache. "Mais j'ai entendu un bruit étrange la nuit dernière. Cela venait du vieux moulin."

Le vieux moulin était un endroit que les animaux évitaient. Il était abandonné depuis des années, et on disait qu'il était hanté. Gaston ne croyait pas aux fantômes, mais il savait que le moulin pouvait être dangereux à cause de sa vieille structure.

Il se dirigea vers le moulin avec Milo. En approchant, ils entendirent des bruits étouffés venant de l'intérieur. Gaston ouvrit doucement la porte grinçante et découvrit Pépé, attaché à une chaise avec un morceau de tissu sur le bec.

"Milo, coupe les cordes !" ordonna Gaston.

Milo mordilla les cordes jusqu'à ce qu'elles se cassent, libérant Pépé. Le coq, soulagé, raconta son aventure.

"C'était le renard !" dit Pépé. "Il m'a attrapé alors que je faisais ma ronde de nuit. Il veut voler les œufs des poules."

Gaston savait que le renard, surnommé Renardo, était rusé. Il avait déjà essayé de voler des œufs auparavant, mais n'avait jamais réussi. Cette fois-ci, il avait tenté de se débarrasser de Pépé pour faciliter son vol.

"Ne t'inquiète pas, Pépé. Nous allons attraper ce renard une bonne fois pour toutes," déclara Gaston.

De retour à la ferme, Gaston organisa une réunion avec tous les animaux. Il leur expliqua le plan : ils allaient tendre un piège à Renardo. Les poules continueraient leur routine habituelle, mais Gaston et Milo se cacheraient près du poulailler avec une grande cage prête à se refermer sur le renard.

Cette nuit-là, tout était silencieux à la ferme. Les poules faisaient semblant de dormir tandis que Gaston et Milo étaient aux aguets. Soudain, ils entendirent des pas furtifs. Renardo s'approchait, ses yeux brillants fixés sur le poulailler. Il se faufila à l'intérieur et se dirigea vers les nids.

Juste au moment où il allait prendre un œuf, Gaston actionna la cage qui se referma sur Renardo avec un grand claquement.

"Attrapé !" s'exclama Gaston, sortant de sa cachette avec Milo.

Renardo, furieux, se débattit mais ne pouvait pas sortir de la cage. Gaston s'approcha et dit : "Renardo, tu es un renard intelligent. Pourquoi ne pas utiliser ton intelligence pour faire quelque chose de bien au lieu de voler ?"

Renardo baissa la tête, honteux. "Je suis désolé, Gaston. J'avais tellement faim. Mais je ne voulais pas vraiment faire de mal."

Gaston, toujours compréhensif, soupira. "Si tu promets de ne plus jamais voler, je te laisserai aller et je t'aiderai à trouver de la nourriture."

Renardo accepta avec gratitude. Gaston lui donna quelques œufs et lui indiqua un coin de la ferme où il pourrait trouver des restes sans déranger les autres animaux. Renardo, désormais ami de la ferme, devint même un gardien nocturne, avertissant Gaston en cas de danger.

Les jours passèrent, et la ferme redevint paisible. Pépé le coq reprit sa place de protecteur et tout le monde félicita Gaston pour sa bravoure et son intelligence.

Chaque matin, les animaux saluaient Gaston avec joie. La ferme était plus unie que jamais grâce à l'ingéniosité et à la gentillesse de Gaston, le fermier malin. Et tandis que le soleil se levait sur les champs dorés, Gaston savait qu'avec ses amis animaux à ses côtés, ils pouvaient surmonter n'importe quel défi.

Gaston, the Clever Farmer

In a picturesque little village surrounded by green fields and rolling hills, lived a farmer named Gaston. But Gaston was no ordinary farmer. While most farmers were content with cultivating their land and raising animals, Gaston had a very special talent: he could talk to animals. Every morning, he would step out of his little stone house with his big straw hat and greet his animal friends, wishing them a good day.

One day, as Gaston was busy milking his cows, he noticed something strange. The hens seemed agitated, and the sheep didn't want to leave their pen. He decided to investigate. As he approached the chicken coop, he heard worried murmurs.

"What's going on here?" asked Gaston, looking at his hens.

"Pepe the rooster has disappeared!" cried one of the hens, flapping her wings in panic. "He hasn't returned since last night."

Gaston frowned. Pepe the rooster was the bravest of all the farm animals, always ready to protect the hens and wake them up every morning with his crowing. His disappearance was very concerning.

"Don't worry," said Gaston in a reassuring voice. "I'll find Pepe."

He set off with his loyal dog, Milo, by his side. Milo was a very smart shepherd dog, always ready to help Gaston in his investigations. They started by searching the farm, looking behind every hay bale and in every nook and cranny.

They found no trace of Pepe. Gaston then decided to question the other animals. He first went to the meadow where the cows were grazing.

"Have you seen Pepe the rooster?" he asked.

"No," replied Marguerite the cow. "But I heard a strange noise last night. It came from the old mill."

The old mill was a place the animals avoided. It had been abandoned for years, and it was said to be haunted. Gaston didn't believe in ghosts, but he knew the mill could be dangerous because of its old structure.

He headed to the mill with Milo. As they approached, they heard muffled sounds coming from inside. Gaston gently opened the creaky door and found Pepe tied to a chair with a piece of cloth over his beak.

"Milo, cut the ropes!" ordered Gaston.

Milo nibbled at the ropes until they broke, freeing Pepe. The relieved rooster recounted his adventure.

"It was the fox!" said Pepe. "He caught me while I was doing my night rounds. He wants to steal the hens' eggs."

Gaston knew that the fox, nicknamed Renardo, was cunning. He had tried to steal eggs before but had never succeeded. This time, he had tried to get rid of Pepe to make his theft easier.

"Don't worry, Pepe. We'll catch that fox once and for all," declared Gaston.

Back at the farm, Gaston organized a meeting with all the animals. He explained the plan: they would set a trap for Renardo. The hens would continue their usual routine, but Gaston and Milo would hide near the coop with a large cage ready to snap shut on the fox.

That night, all was quiet on the farm. The hens pretended to sleep while Gaston and Milo were on the lookout. Suddenly, they heard stealthy footsteps. Renardo was approaching, his bright eyes fixed on the coop. He slipped inside and headed for the nests.

Just as he was about to grab an egg, Gaston activated the cage, which snapped shut on Renardo with a loud clank.

"Gotcha!" exclaimed Gaston, emerging from his hiding place with Milo.

Renardo, furious, struggled but couldn't escape from the cage. Gaston approached and said, "Renardo, you're a smart fox. Why not use your intelligence to do something good instead of stealing?"

Renardo hung his head, ashamed. "I'm sorry, Gaston. I was so hungry. But I didn't really mean to cause any harm."

Gaston, always understanding, sighed. "If you promise never to steal again, I'll let you go and help you find food."

Renardo agreed gratefully. Gaston gave him a few eggs and showed him a corner of the farm where he could find leftovers without disturbing the other animals. Renardo, now a friend of the farm, even became a night watchman, warning Gaston in case of danger.

Days passed, and the farm returned to its peaceful state. Pepe the rooster resumed his role as protector, and everyone praised Gaston for his bravery and cleverness.

Every morning, the animals greeted Gaston with joy. The farm was more united than ever, thanks to Gaston's ingenuity and kindness. And as the sun rose over the golden fields, Gaston knew that with his animal friends by his side, they could overcome any challenge.

Lila, la Licorne Lumineuse

Dans une forêt enchantée où les arbres étaient hauts comme des montagnes et les fleurs brillaient dans des couleurs chatoyantes, vivait une licorne appelée Lila. Mais Lila n'était pas une licorne comme les autres. Elle avait une particularité très spéciale : sa corne illuminait la nuit comme une étoile scintillante, et elle pouvait voler plus haut que n'importe quel oiseau.

Chaque soir, Lila survolait la forêt, veillant à ce que tous les animaux soient en sécurité avant de se coucher. Ses amis, les lapins, les renards et les hiboux, adoraient ses histoires magiques et ses éclats de rire contagieux. Mais un jour, quelque chose de terrible se produisit.

Au cœur de la forêt, un endroit mystérieux et sombre appelé la Vallée des Ombres était devenu plus sinistre que jamais. Les arbres semblaient chuchoter des secrets inquiétants, et une ombre noire semblait s'étendre, effrayant tous les animaux.

Lila savait qu'elle devait faire quelque chose. Elle décida de partir en exploration pour découvrir ce qui causait cette obscurité. Elle appela ses amis les plus proches pour l'accompagner : Timon le lapin curieux, Luna la renarde agile, et Hugo le hibou sage.

"Nous devons être prudents," dit Lila en déployant ses ailes iridescentes. "Quelque chose de très puissant se cache dans cette vallée."

Ils se mirent en route, suivant la lumière apaisante de la corne de Lila. En approchant de la Vallée des Ombres, la température baissa et un brouillard épais enveloppa la forêt. Les bruits familiers des animaux de la forêt furent remplacés par des murmures sinistres.

Soudain, un éclair de lumière bleue traversa le ciel et un grand dragon noir apparut devant eux. Ses écailles brillaient d'une lueur sombre et ses yeux étaient rouges comme des rubis enflammés.

"Qui ose entrer dans ma vallée ?" rugit le dragon.

Lila prit une grande inspiration et avança. "Je suis Lila, la licorne lumineuse, et voici mes amis. Nous voulons savoir pourquoi tu apportes cette obscurité dans notre forêt."

Le dragon les observa pendant un moment avant de répondre. "Je suis Draco, le gardien des ombres. J'ai été enfermé ici depuis des siècles, condamné à répandre l'obscurité."

Lila s'approcha encore plus près, sa corne brillant de plus en plus intensément. "Peut-être que nous pouvons t'aider à te libérer de cette malédiction."

Draco parut surpris. "Pourquoi ferais-tu cela pour moi ? Je suis dangereux."

"Parce que tout le monde mérite une chance de changer," répondit Lila avec compassion.

Timon, Luna et Hugo hochèrent la tête en signe d'accord. Lila tendit sa corne vers Draco et prononça des mots magiques qu'elle avait appris de ses ancêtres licornes. Sa corne brilla si intensément que la vallée entière fut baignée de lumière.

La lumière enveloppa Draco, et il commença à se transformer. Ses écailles sombres devinrent d'un bleu éclatant, et ses yeux rougeoyants se changèrent en un vert paisible. L'obscurité se dissipa, remplacée par une lumière douce et bienveillante.

"Merci, Lila," dit Draco, la voix remplie de gratitude. "Tu m'as libéré de cette malédiction. Je protégerai désormais cette forêt et veillerai sur ses habitants."

Lila sourit et ses amis acclamèrent. Ensemble, ils retournèrent dans leur partie de la forêt, Draco volant au-dessus d'eux comme un gardien bienveillant. La nouvelle de la transformation de Draco se répandit rapidement, et tous les animaux se rassemblèrent pour célébrer.

"À partir d'aujourd'hui," annonça Lila, "nous n'avons plus rien à craindre de la Vallée des Ombres. Draco est notre ami et protecteur."

Les jours suivants, la forêt retrouva sa paix et sa sérénité. Les fleurs éclatèrent de couleurs encore plus vives, les rivières chantaient des mélodies joyeuses, et les animaux vivaient sans crainte. Lila continuait à voler chaque nuit, sa corne brillant d'une lumière encore plus radieuse, sachant que Draco veillait sur eux.

Et ainsi, la légende de Lila, la licorne lumineuse, et Draco, le dragon bienveillant, se transmit de génération en génération. Leur histoire rappela à tous que même dans les moments les plus sombres, il y a toujours une lumière capable de guider et d'apporter l'espoir.

Lila, the Luminous Unicorn

In an enchanted forest where the trees were as tall as mountains and the flowers shimmered in dazzling colors, lived a unicorn named Lila. But Lila was no ordinary unicorn. She had a very special trait: her horn illuminated the night like a sparkling star, and she could fly higher than any bird.

Every evening, Lila flew over the forest, ensuring that all the animals were safe before going to bed. Her friends, the rabbits, foxes, and owls, loved her magical stories and contagious laughter. But one day, something terrible happened.

In the heart of the forest, a mysterious and dark place called the Valley of Shadows had become more sinister than ever. The trees seemed to whisper unsettling secrets, and a black shadow seemed to spread, scaring all the animals.

Lila knew she had to do something. She decided to go on an exploration to discover what was causing this darkness. She called her closest friends to accompany her: Timon the curious rabbit, Luna the agile fox, and Hugo the wise owl.

"We must be careful," said Lila, spreading her iridescent wings. "Something very powerful is hiding in that valley."

They set off, following the soothing light of Lila's horn. As they approached the Valley of Shadows, the temperature dropped, and a thick fog enveloped the forest. The familiar sounds of the forest animals were replaced by sinister murmurs.

Suddenly, a flash of blue light streaked across the sky, and a large black dragon appeared before them. His scales shone with a dark glow, and his eyes were as red as flaming rubies.

"Who dares enter my valley?" roared the dragon.

Lila took a deep breath and stepped forward. "I am Lila, the luminous unicorn, and these are my friends. We want to know why you bring this darkness to our forest."

The dragon observed them for a moment before replying. "I am Draco, the guardian of shadows. I have been imprisoned here for centuries, condemned to spread darkness."

Lila stepped even closer, her horn shining brighter and brighter. "Maybe we can help you break free from this curse."

Draco looked surprised. "Why would you do that for me? I am dangerous."

"Because everyone deserves a chance to change," replied Lila with compassion.

Timon, Luna, and Hugo nodded in agreement. Lila extended her horn towards Draco and spoke magical words she had learned from her unicorn ancestors. Her horn shone so brightly that the entire valley was bathed in light.

The light enveloped Draco, and he began to transform. His dark scales turned a brilliant blue, and his glowing red eyes changed to a peaceful green. The darkness dissipated, replaced by a gentle, benevolent light.

"Thank you, Lila," said Draco, his voice filled with gratitude. "You have freed me from this curse. I will now protect this forest and watch over its inhabitants."

Lila smiled, and her friends cheered. Together, they returned to their part of the forest, Draco flying above them like a benevolent guardian. News of Draco's transformation spread quickly, and all the animals gathered to celebrate.

"From today," announced Lila, "we no longer have anything to fear from the Valley of Shadows. Draco is our friend and protector."

In the days that followed, the forest regained its peace and serenity. The flowers bloomed in even brighter colors, the rivers sang joyful melodies, and the animals lived without fear. Lila continued to fly every night, her horn shining with an even more radiant light, knowing that Draco was watching over them.

And so, the legend of Lila, the luminous unicorn, and Draco, the benevolent dragon, was passed down from generation to generation. Their story reminded everyone that even in the darkest moments, there is always a light capable of guiding and bringing hope.

Les Chaussettes Magiques de Max

Dans une petite ville tranquille nommée Belleville, vivait un garçon appelé Max. Max était un enfant ordinaire avec des intérêts ordinaires : il aimait jouer au football, lire des bandes dessinées, et surtout, collectionner des chaussettes de toutes sortes. Mais ce que Max aimait le plus, c'était les chaussettes colorées et dépareillées. Il avait une boîte pleine de chaussettes toutes plus excentriques les unes que les autres.

Un jour, alors qu'il fouillait dans un vieux coffre appartenant à son grand-père, Max découvrit une paire de chaussettes particulièrement étrange. Elles étaient d'un vert éclatant avec des motifs de licornes scintillantes. Intrigué, il les enfila immédiatement.

À l'instant même où Max mit les chaussettes, il sentit une drôle de sensation. Ses pieds commencèrent à chatouiller, puis soudain, il se retrouva flottant dans les airs ! Il regarda autour de lui, éberlué. Il flottait vraiment ! Les chaussettes magiques lui donnaient le pouvoir de voler.

"Incroyable !" s'exclama Max, riant aux éclats. Il vola autour de sa chambre, passant près de son lit et de ses étagères remplies de livres.

Mais Max ne tarda pas à se demander ce qu'il pourrait faire de ce nouveau pouvoir. Il décida de sortir et de voler autour de Belleville. Il s'élança par la fenêtre de sa chambre, survolant les maisons et les arbres. Les gens dans la rue regardaient en l'air, bouche bée, en voyant Max voler comme un super-héros.

Alors qu'il survolait le parc de la ville, Max aperçut un groupe d'enfants jouant au football. Ils avaient l'air triste car leur ballon était coincé dans un grand arbre. Max décida de les aider. Il plana doucement jusqu'à l'arbre, attrapa le ballon et le rendit aux enfants, qui applaudirent et crièrent de joie.

"Merci, Max ! Tu es génial !" s'exclamèrent-ils.

Max continua son vol, aidant les gens partout où il allait. Il récupéra le chat d'une vieille dame coincé sur un toit, aida un livreur à retrouver sa route en survolant la ville pour repérer la bonne adresse, et même vola jusqu'à l'école pour impressionner ses amis.

Cependant, ce soir-là, en rentrant chez lui, Max remarqua quelque chose d'étrange. Les chaussettes semblaient perdre de leur éclat. Il réalisa que leur pouvoir s'épuisait. Désespéré à l'idée de perdre sa nouvelle capacité, Max décida d'aller voir son grand-père pour en savoir plus sur ces chaussettes magiques.

"Grand-père, regarde ce que j'ai trouvé dans ton vieux coffre !" dit Max en montrant les chaussettes.

Son grand-père, un homme aux yeux pétillants et au sourire mystérieux, observa les chaussettes et hocha la tête.

"Ah, ces chaussettes ! Je me souviens d'elles. Elles appartenaient à un magicien que j'ai rencontré autrefois. Elles sont effectivement magiques, mais leur pouvoir n'est pas infini. Elles ne fonctionnent que lorsqu'on les utilise pour faire le bien."

Max comprit alors pourquoi les chaussettes semblaient perdre leur magie. Il devait continuer à les utiliser pour aider les autres. Avec cette nouvelle connaissance, Max se sentit plus déterminé que jamais.

Le lendemain, il repartit, cette fois avec un objectif clair : utiliser les chaussettes pour améliorer la vie des gens autour de lui. Il vola vers l'hôpital de la ville et se porta volontaire pour aider les infirmières et les médecins, transportant des médicaments d'un étage à l'autre en un rien de temps. Il passa également du temps avec les enfants malades, leur racontant des histoires de ses aventures aériennes, ce qui leur redonna le sourire.

Max devint rapidement une légende locale. Les gens parlaient de lui comme du "Garçon Volant" et tout le monde savait qu'ils pouvaient compter sur lui en cas de besoin. Mais plus il utilisait les chaussettes, plus il sentait qu'elles devenaient fragiles.

Un jour, alors qu'il aidait à éteindre un incendie dans un petit immeuble, les chaussettes se mirent à briller de plus en plus fort jusqu'à ce qu'elles deviennent presque transparentes. Max sentit une chaleur intense dans ses pieds, puis les chaussettes se désintégrèrent en une pluie d'étincelles dorées. Il se retrouva sur le toit de l'immeuble, regardant les étincelles disparaître dans le ciel.

Max était triste de perdre ses chaussettes magiques, mais il réalisa quelque chose d'important. Ce n'était pas les chaussettes qui faisaient de lui un héros, mais ses actions et son désir d'aider les autres. Il avait appris à utiliser ses capacités de manière désintéressée et avait fait une différence dans la vie de nombreuses personnes.

Le soir même, Max rentra chez lui, épuisé mais heureux. Son grand-père l'attendait avec un sourire fier.

"Je suis très fier de toi, Max," dit-il. "Tu as utilisé ces chaussettes comme il se doit."

Max sourit en retour. "Merci, grand-père. J'ai compris que la vraie magie vient du cœur."

Et ainsi, même sans les chaussettes magiques, Max continua d'aider les gens de Belleville. Il devint connu comme un garçon au grand cœur, toujours prêt à tendre la main à ceux qui en avaient besoin. Les histoires de ses aventures furent racontées dans tout le pays, inspirant d'autres enfants à faire de bonnes actions et à croire en leur propre magie.

Et bien que les chaussettes magiques ne soient plus là, leur légende perdura, rappelant à tous que le véritable pouvoir réside dans la bonté et le courage de chacun. Max avait montré que même les choses les plus ordinaires, comme une paire de chaussettes, pouvaient mener à des aventures extraordinaires lorsque l'on choisit de faire le bien.

Max's Magic Socks

In a quiet little town called Belleville, there lived a boy named Max. Max was an ordinary child with ordinary interests: he loved playing soccer, reading comic books, and most of all, collecting all sorts of socks. But what Max loved the most were colorful and mismatched socks. He had a box full of socks, each more eccentric than the last.

One day, while rummaging through an old chest that belonged to his grandfather, Max discovered a particularly strange pair of socks. They were a bright green with shimmering unicorn patterns. Intrigued, he immediately put them on.

The moment Max put on the socks, he felt a funny sensation. His feet began to tingle, and suddenly, he found himself floating in the air! He looked around, astonished. He was really floating! The magic socks gave him the power to fly.

"Incredible!" exclaimed Max, laughing out loud. He flew around his room, passing by his bed and shelves full of books.

But Max soon wondered what he could do with this new power. He decided to go outside and fly around Belleville. He soared out of his bedroom window, flying over houses and trees. People on the street looked up, gaping as they saw Max flying like a superhero.

As he flew over the town park, Max saw a group of children playing soccer. They looked sad because their ball was stuck in a tall tree. Max decided to help them. He gently glided to the tree, grabbed the ball, and returned it to the children, who cheered and shouted with joy.

"Thank you, Max! You're amazing!" they exclaimed.

Max continued his flight, helping people wherever he went. He retrieved an old lady's cat stuck on a roof, helped a delivery man find his way by flying over the town to spot the right address, and even flew to school to impress his friends.

However, that evening, when Max returned home, he noticed something strange. The socks seemed to be losing their glow. He realized that their power was fading. Desperate at the thought of losing his new ability, Max decided to visit his grandfather to learn more about these magic socks.

"Grandpa, look what I found in your old chest!" said Max, showing the socks.

His grandfather, a man with twinkling eyes and a mysterious smile, observed the socks and nodded.

"Ah, those socks! I remember them. They belonged to a magician I met once. They are indeed magical, but their power is not infinite. They only work when used for good."

Max then understood why the socks seemed to be losing their magic. He had to continue using them to help others. With this new knowledge, Max felt more determined than ever.

The next day, he set off again, this time with a clear goal: to use the socks to improve the lives of those around him. He flew to the town hospital and volunteered to help the nurses and doctors, quickly transporting medicines from one floor to another. He also spent time with sick children, telling them stories of his aerial adventures, which made them smile again.

Max quickly became a local legend. People talked about him as the "Flying Boy," and everyone knew they could count on him in times of need. But the more he used the socks, the more he felt they were becoming fragile.

One day, while helping put out a fire in a small apartment building, the socks began to glow brighter and brighter until they became almost transparent. Max felt an intense warmth in his feet, and then the socks disintegrated into a shower of golden sparkles. He found himself on the building's rooftop, watching the sparks disappear into the sky.

Max was sad to lose his magic socks, but he realized something important. It wasn't the socks that made him a hero, but his actions and his desire to help others. He had learned to use his abilities selflessly and had made a difference in many people's lives.

That evening, Max returned home, exhausted but happy. His grandfather was waiting for him with a proud smile.

"I'm very proud of you, Max," he said. "You used those socks as they were meant to be used."

Max smiled in return. "Thank you, Grandpa. I've realized that true magic comes from the heart."

And so, even without the magic socks, Max continued to help the people of Belleville. He became known as a boy with a big heart, always ready to lend a hand to those in need. Stories of his adventures spread throughout the land, inspiring other children to do good deeds and believe in their own magic.

Although the magic socks were no longer there, their legend lived on, reminding everyone that true power lies in the kindness and courage of each person. Max had shown that even the most ordinary things, like a pair of socks, could lead to extraordinary adventures when one chooses to do good.

Le Chat Chanteur et la Nuit Étoilée

Dans une ville vibrante nommée Lumièreville, où les lumières scintillaient comme des étoiles et les rues bourdonnaient de vie, vivait un chat qui n'était pas comme les autres. Ce chat était spécial, non seulement parce qu'il avait une fourrure rayée d'un noir profond et d'un blanc éclatant, mais aussi parce qu'il avait un talent exceptionnel : il pouvait chanter comme un oiseau au lever du soleil.

Ce chat, qui se nommait Matisse, vivait dans une petite maison au bord de la rivière avec sa propriétaire, Mme Dupont, une vieille dame au cœur tendre et aux cheveux gris argenté. Mme Dupont était une grande amoureuse de la musique et avait transmis sa passion à Matisse dès son plus jeune âge. En retour, Matisse l'avait enchantée avec ses mélodies enchanteresses.

Chaque soir, Matisse montait sur le toit de la maison pour chanter aux étoiles. Les voisins se rassemblaient sous la fenêtre de Mme Dupont, les oreilles attentives et les yeux fermés, pour écouter Matisse chanter des ballades mélancoliques et des chansons joyeuses. La voix de Matisse était si magnifique qu'elle pouvait faire pleurer les pierres et sourire les nuages.

Mais un soir, quelque chose de très étrange se produisit. Alors que Matisse chantait sa chanson préférée, une mélodie douce et rêveuse, une étrange lueur bleue apparut dans le ciel. Un énorme vaisseau spatial descendit lentement depuis les étoiles, se posant en douceur dans le parc voisin.

Les habitants de Lumièreville étaient fascinés et effrayés par ce spectacle. Matisse, curieux et courageux, descendit du toit pour enquêter. Il trouva le vaisseau spatial ouvert, avec un tapis rouge menant à une porte en argent étincelante.

Matisse s'approcha prudemment et entra dans le vaisseau. À l'intérieur, il découvrit une salle remplie de gadgets étranges et de lumières clignotantes. Au centre de la pièce se tenait un groupe de petits extraterrestres verts avec des antennes scintillantes.

"Bonjour, Terrien ! Nous sommes les Zoggs, venus de la planète Zoggor," dit le leader des extraterrestres avec un accent amusant. "Nous avons entendu parler de ta voix magique à travers l'univers. Nous sommes ici pour t'inviter à chanter au Festival Interstellaire !"

Matisse cligna des yeux, incrédule. "Un festival interstellaire ? Mais pourquoi moi ?"

Les Zoggs expliquèrent que chaque siècle, ils organisaient un festival pour célébrer la beauté des voix extraordinaires de toute la galaxie. Cette année, ils avaient entendu parler de la voix de Matisse grâce à une mystérieuse onde musicale captée par leurs instruments de communication.

"Tu es le premier chat à être invité," expliqua le leader des Zoggs. "Le festival aura lieu sur la planète Zoggor, et nous aimerions que tu sois notre star."

Matisse, tout excité par cette opportunité unique, accepta avec enthousiasme. Il rentra chez lui, fit ses adieux à Mme Dupont, et se prépara pour son grand voyage.

Le lendemain, Matisse monta à bord du vaisseau spatial avec les Zoggs. Le voyage à travers l'espace fut époustouflant. Ils traversèrent des nuages de poussière cosmique, des champs d'astéroïdes étincelants, et même une pluie d'étoiles filantes. Matisse était émerveillé par la beauté de l'univers.

Finalement, ils arrivèrent sur Zoggor, une planète spectaculaire avec des montagnes en cristal, des océans de lumière liquide et des forêts de fleurs géantes. Le festival était en plein essor, avec des créatures de toutes formes et tailles qui chantaient, dansaient et se divertissaient.

Matisse fut conduit à une scène grandiose, entourée de lumières étincelantes et de décorations éblouissantes. Les spectateurs, provenant de toutes les galaxies, l'acclamèrent avec des cris et des applaudissements.

Le moment de chanter arriva, et Matisse prit une profonde inspiration. Il se remémora les nombreuses nuits passées à chanter sous les étoiles de Lumièreville. En fermant les yeux, il laissa sa voix s'élever dans les airs, remplissant l'espace de mélodies enchanteresses et de notes d'une pure beauté.

Sa prestation fut un triomphe. Les Zoggs et les autres extraterrestres étaient fascinés, éblouis par la perfection de sa voix. Les étoiles semblaient briller plus intensément, et les montagnes de cristal résonnaient avec les vibrations de la chanson de Matisse.

Après sa performance, Matisse reçut une ovation debout. Les Zoggs lui offrirent une médaille spéciale en forme d'étoile, symbolisant son incroyable talent. Ils lui firent également un cadeau : un livre musical magique contenant des mélodies de toutes les galaxies, que Matisse pourrait utiliser pour enrichir ses performances.

"Merci, Matisse," dit le leader des Zoggs. "Tu as apporté une lumière nouvelle à notre festival. Nous espérons que tu reviendras un jour pour chanter à nouveau."

Matisse remercia chaleureusement les Zoggs et rentra à Lumièreville, le cœur rempli de joie et de souvenirs inoubliables. De retour chez lui, Mme Dupont l'accueillit avec des larmes de bonheur dans les yeux.

Les nuits suivantes, Matisse chanta encore plus magnifiquement qu'avant, avec des mélodies inspirées par son aventure interstellaire. Les habitants de Lumièreville étaient émerveillés, et la réputation de Matisse en tant que chat chanteur extraordinaire se répandit dans tout l'univers.

Et ainsi, Matisse continua à illuminer les nuits de Lumièreville avec sa voix magique. Les étoiles semblaient briller encore plus fort lorsqu'il chantait, et les gens savaient qu'il avait vécu une aventure extraordinaire, prouvant que les rêves les plus fous peuvent devenir réalité avec un peu de courage et beaucoup de talent.

Les soirées à Lumièreville étaient désormais encore plus magiques grâce à Matisse, et le chat chanteur devint une légende parmi les étoiles et les habitants de la ville. Sa musique apporta de la joie et de l'émerveillement à tous ceux qui l'écoutaient, rappelant à chacun que la vraie magie se trouve dans la beauté de l'art et la pureté du cœur.

The Singing Cat and the Starry Night

In a vibrant town called Lumièreville, where the lights sparkled like stars and the streets buzzed with life, lived a cat who was not like the others. This cat was special, not only because he had a coat striped in deep black and brilliant white, but also because he had an exceptional talent: he could sing like a bird at sunrise.

This cat, named Matisse, lived in a small house by the river with his owner, Mrs. Dupont, a kind old lady with silver-gray hair. Mrs. Dupont was a great lover of music and had passed her passion to Matisse from a young age. In return, Matisse enchanted her with his captivating melodies.

Every evening, Matisse would go up on the roof of the house to sing to the stars. Neighbors would gather under Mrs. Dupont's window, their ears attentive and eyes closed, to listen to Matisse sing melancholic ballads and joyful songs. Matisse's voice was so magnificent it could make stones weep and clouds smile.

But one evening, something very strange happened. As Matisse sang his favorite song, a soft and dreamy melody, an odd blue light appeared in the sky. A huge spaceship slowly descended from the stars, landing gently in the nearby park.

The inhabitants of Lumièreville were fascinated and frightened by the spectacle. Matisse, curious and brave, descended from the roof to investigate. He found the spaceship open, with a red carpet leading to a gleaming silver door.

Matisse approached cautiously and entered the spaceship. Inside, he discovered a room filled with strange gadgets and flashing lights. At the center of the room stood a group of small green aliens with sparkling antennae.

"Hello, Earthling! We are the Zoggs, from the planet Zoggor," said the leader of the aliens with a funny accent. "We heard about your magical voice across the universe. We are here to invite you to sing at the Interstellar Festival!"

Matisse blinked, incredulous. "An interstellar festival? But why me?"

The Zoggs explained that every century, they held a festival to celebrate the beauty of extraordinary voices from across the galaxy. This year, they had heard about Matisse's voice through a mysterious musical wave captured by their communication devices.

"You are the first cat to be invited," explained the Zogg leader. "The festival will take place on the planet Zoggor, and we would like you to be our star."

Excited about this unique opportunity, Matisse accepted enthusiastically. He returned home, bid farewell to Mrs. Dupont, and prepared for his grand journey.

The next day, Matisse boarded the spaceship with the Zoggs. The journey through space was breathtaking. They passed through cosmic dust clouds, sparkling asteroid fields, and even a shower of shooting stars. Matisse was amazed by the beauty of the universe.

Eventually, they arrived on Zoggor, a spectacular planet with crystal mountains, liquid light oceans, and giant flower forests. The festival was in full swing, with creatures of all shapes and sizes singing, dancing, and entertaining each other.

Matisse was led to a grand stage, surrounded by sparkling lights and dazzling decorations. The audience, coming from all galaxies, cheered and applauded.

When it was time for Matisse to sing, he took a deep breath. He recalled the many nights he had spent singing under the stars of Lumièreville. Closing his eyes, he let his voice rise into the air, filling the space with enchanting melodies and notes of pure beauty.

His performance was a triumph. The Zoggs and the other aliens were mesmerized, dazzled by the perfection of his voice. The stars seemed to shine even more brightly, and the crystal mountains resonated with the vibrations of Matisse's song.

After his performance, Matisse received a standing ovation. The Zoggs presented him with a special star-shaped medal, symbolizing his incredible talent. They also gave him a magical musical book containing melodies from all galaxies that Matisse could use to enrich his performances.

"Thank you, Matisse," said the Zogg leader. "You have brought a new light to our festival. We hope you will return one day to sing again."

Matisse warmly thanked the Zoggs and returned to Lumièreville, his heart full of joy and unforgettable memories. Back home, Mrs. Dupont welcomed him with tears of happiness in her eyes.

In the following nights, Matisse sang even more beautifully than before, with melodies inspired by his interstellar adventure. The people of Lumièreville were amazed, and Matisse's reputation as an extraordinary singing cat spread throughout the universe.

And so, Matisse continued to brighten the nights of Lumièreville with his magical voice. The stars seemed to shine even more brightly when he sang, and people knew he had experienced an extraordinary adventure, proving that even the wildest dreams can come true with a little courage and a lot of talent.

The evenings in Lumièreville were now even more magical thanks to Matisse, and the singing cat became a legend among the stars and the townsfolk. His music brought joy and wonder to everyone who listened, reminding each person that true magic lies in the beauty of art and the purity of the heart.

Le Papillon et le Gâteau Éblouissant

Dans un petit village paisible nommé Petites-Fleurs, où les jardins étaient remplis de fleurs colorées et où l'air sentait toujours bon, vivait un papillon nommé Balthazar. Balthazar n'était pas un papillon ordinaire ; ses ailes brillaient de mille couleurs, et chaque fois qu'il les battait, une douce mélodie semblait flotter dans l'air.

Un jour, alors qu'il voletait autour du jardin de Mme Rosalie, la meilleure pâtissière du village, Balthazar sentit une odeur délicieuse. Intrigué, il suivit la senteur jusqu'à la fenêtre de la cuisine de Mme Rosalie. À l'intérieur, elle préparait un gâteau extraordinaire, un gâteau pour le grand concours annuel de pâtisserie de Petites-Fleurs.

Mme Rosalie était connue pour ses créations sucrées, mais cette fois-ci, elle voulait faire quelque chose de vraiment spécial. Le gâteau qu'elle préparait était une merveille de plusieurs étages, décoré de fleurs en sucre et de rubans de chocolat.

Cependant, il manquait quelque chose. Mme Rosalie le sentait, mais elle n'arrivait pas à mettre le doigt dessus. Elle soupira profondément, observant son chef-d'œuvre incomplet. C'est alors que Balthazar eut une idée.

Avec une petite pirouette aérienne, Balthazar entra par la fenêtre ouverte et se posa délicatement sur la table de cuisine. Mme Rosalie sursauta légèrement en voyant le papillon, mais son visage s'illumina rapidement.

"Bonjour, petit papillon," dit-elle doucement. "Tu es venu me tenir compagnie pendant que je cuisine ?"

Balthazar battit des ailes joyeusement, puis il se mit à voler autour du gâteau, formant des motifs complexes dans l'air. Mme Rosalie regardait, fascinée, et une idée lui vint à l'esprit.

"Et si je décorais le gâteau avec des motifs inspirés de tes ailes ?" s'exclama-t-elle.

Mme Rosalie prit une poche à douille remplie de glaçage multicolore et, s'inspirant des mouvements gracieux de Balthazar, commença à créer des dessins éblouissants sur le gâteau. Les motifs ressemblaient à des arcs-en-ciel entrelacés, à des fleurs éclatantes, et à des étoiles scintillantes. Balthazar voletait autour d'elle, comme pour approuver chaque coup de glaçage.

Le jour du concours arriva, et Mme Rosalie apporta son gâteau, maintenant magnifiquement décoré, à la grande place de Petites-Fleurs. Les autres concurrents avaient tous fait de leur mieux, mais aucun gâteau n'était aussi beau que celui de Mme Rosalie. Les juges, bouche bée devant tant de beauté, lui décernèrent le premier prix sans hésitation.

La nouvelle de la victoire de Mme Rosalie se répandit rapidement dans tout le village. Tout le monde voulait goûter son gâteau éblouissant, et elle décida de partager sa création avec tous les habitants lors d'une grande fête au jardin public.

Lorsque les villageois se rassemblèrent pour goûter le gâteau, Balthazar apparut de nouveau, voletant au-dessus de la foule. Les enfants riaient et tentaient de l'attraper, tandis que les adultes l'observaient avec admiration.

Mme Rosalie prit la parole pour remercier tout le monde. "Ce gâteau n'aurait pas été possible sans l'inspiration de ce magnifique papillon," dit-elle en pointant Balthazar. "Il m'a montré la beauté qui se trouve dans les petites choses de la vie, et comment un simple papillon peut transformer quelque chose d'ordinaire en quelque chose d'extraordinaire."

Balthazar, en entendant ces mots, fit un dernier tour autour du gâteau avant de disparaître dans le ciel bleu. Les habitants de Petites-Fleurs se mirent à applaudir et à savourer chaque bouchée du gâteau, se rappelant de la magie apportée par le petit papillon.

Les jours suivants, Mme Rosalie reçut des commandes de tout le village pour ses gâteaux inspirés par Balthazar. Chacun voulait un morceau de cette magie dans leur propre maison. Elle accepta avec plaisir, sachant que chaque création apporterait un peu de joie et de beauté à ses voisins.

Quant à Balthazar, il continua de voler de jardin en jardin, apportant sa magie et son inspiration à tous ceux qu'il rencontrait. Les enfants l'attendaient avec impatience, espérant que sa visite apporterait un moment de pure enchantement.

Ainsi, le petit village de Petites-Fleurs devint célèbre pour ses gâteaux magiques et ses habitants joyeux, tout cela grâce à un papillon et à une pâtissière au grand cœur. Et chaque fois qu'un papillon passait par là, les gens souriaient en se souvenant de la douce mélodie de Balthazar et de la beauté qu'il avait apportée dans leur vie.

The Butterfly and the Dazzling Cake

In a peaceful little village named Petites-Fleurs, where gardens were filled with colorful flowers and the air always smelled sweet, lived a butterfly named Balthazar. Balthazar was not an ordinary butterfly; his wings shimmered with a thousand colors, and every time he flapped them, a gentle melody seemed to float in the air.

One day, as he fluttered around Mrs. Rosalie's garden, the best pastry chef in the village, Balthazar smelled a delightful aroma. Intrigued, he followed the scent to Mrs. Rosalie's kitchen window. Inside, she was preparing an extraordinary cake for the annual Petites-Fleurs baking contest.

Mrs. Rosalie was known for her sweet creations, but this time, she wanted to make something truly special. The cake she was preparing was a multi-layered wonder, decorated with sugar flowers and chocolate ribbons.

However, something was missing. Mrs. Rosalie felt it, but she couldn't quite put her finger on it. She sighed deeply, gazing at her incomplete masterpiece. That's when Balthazar had an idea.

With a little aerial pirouette, Balthazar flew through the open window and gently landed on the kitchen table. Mrs. Rosalie jumped slightly at the sight of the butterfly, but her face quickly lit up.

"Hello, little butterfly," she said softly. "Have you come to keep me company while I bake?"

Balthazar fluttered his wings joyfully, then began flying around the cake, forming intricate patterns in the air. Mrs. Rosalie watched, fascinated, and an idea came to her mind.

"What if I decorated the cake with patterns inspired by your wings?" she exclaimed.

Mrs. Rosalie took a piping bag filled with multicolored icing and, inspired by Balthazar's graceful movements, began creating dazzling designs on the cake. The patterns looked like intertwined rainbows, blooming flowers, and twinkling stars. Balthazar fluttered around her, as if approving each stroke of the icing.

The day of the contest arrived, and Mrs. Rosalie brought her now beautifully decorated cake to the town square of Petites-Fleurs. The other contestants had all done their best, but no cake was as beautiful as Mrs. Rosalie's. The judges, speechless at such beauty, awarded her the first prize without hesitation.

News of Mrs. Rosalie's victory spread quickly through the village. Everyone wanted to taste her dazzling cake, and she decided to share her creation with all the villagers at a big party in the public garden.

As the villagers gathered to taste the cake, Balthazar appeared again, fluttering above the crowd. The children laughed and tried to catch him, while the adults watched with admiration.

Mrs. Rosalie spoke up to thank everyone. "This cake wouldn't have been possible without the inspiration of this magnificent butterfly," she said, pointing to Balthazar. "He showed me the beauty in the small things in life and how a simple butterfly can transform something ordinary into something extraordinary."

Hearing these words, Balthazar made one last circle around the cake before disappearing into the blue sky. The inhabitants of Petites-Fleurs applauded and savored every bite of the cake, remembering the magic brought by the little butterfly.

In the days that followed, Mrs. Rosalie received orders from all over the village for her cakes inspired by Balthazar. Everyone wanted a piece of that magic in their own home. She gladly accepted, knowing that each creation would bring a bit of joy and beauty to her neighbors.

As for Balthazar, he continued to fly from garden to garden, bringing his magic and inspiration to everyone he met. The children eagerly awaited his visits, hoping that his presence would bring a moment of pure enchantment.

Thus, the little village of Petites-Fleurs became famous for its magical cakes and happy inhabitants, all thanks to a butterfly and a kind-hearted pastry chef. And every time a butterfly fluttered by, people smiled, remembering Balthazar's sweet melody and the beauty he had brought into their lives.

Magali et le Mystère des Rêves Éveillés

Dans une petite ville appelée Clocheville, où les cloches de l'église tintaient joyeusement chaque heure et où les jardins étaient toujours remplis de fleurs éclatantes, vivait une petite fille nommée Magali. Magali n'était pas une petite fille ordinaire. Elle avait une imagination débordante qui la faisait voyager dans des mondes merveilleux à chaque fois qu'elle fermait les yeux.

Un jour, alors qu'elle se promenait dans le parc avec son chien Pipo, un mignon caniche noir, elle trouva un vieux livre poussiéreux sous un banc. Curieuse, Magali ouvrit le livre et découvrit qu'il était rempli d'histoires magiques et d'illustrations colorées. Mais ce n'était pas un livre comme les autres. Chaque fois qu'elle lisait une histoire, elle se retrouvait transportée dans le monde décrit dans le livre.

Ce soir-là, avant de se coucher, Magali décida de lire une des histoires du livre. Elle choisit une histoire intitulée "Le Royaume des Rêves Éveillés". Dès qu'elle lut les premières lignes, elle se sentit emportée par une brise douce et se retrouva dans un endroit étrange et merveilleux. Les arbres étaient faits de bonbons, les rivières coulaient de chocolat, et le ciel était parsemé de nuages de barbe à papa.

Magali était émerveillée par ce qu'elle voyait. Elle rencontra une licorne bleue nommée Luna qui devint rapidement son amie. Luna lui expliqua que ce monde était le Royaume des Rêves Éveillés, un endroit où les rêves des enfants devenaient réalité. Mais il y avait un problème : les rêves de certains enfants étaient devenus des cauchemars, et ils menaçaient de détruire le royaume.

"Magali, tu es la seule qui puisse nous aider," dit Luna avec une voix douce mais urgente. "Tu dois trouver la source de ces cauchemars et les arrêter avant qu'ils ne détruisent tout."

Magali, bien que légèrement effrayée, se sentit prête à relever ce défi. Elle monta sur le dos de Luna, et ensemble, elles volèrent à travers le royaume, à la recherche de la source des cauchemars. Elles traversèrent des forêts sombres, des montagnes hautes, et des lacs mystérieux. Finalement, elles arrivèrent à une grotte sinistre, d'où émanait une lumière rouge inquiétante.

À l'intérieur de la grotte, elles trouvèrent un dragon endormi, entouré de fumée noire. Luna expliqua que ce dragon, nommé Draconis, était le gardien des rêves. Mais quelqu'un ou quelque chose l'avait ensorcelé, transformant ses rêves en cauchemars.

"Nous devons réveiller Draconis et briser le sortilège," dit Luna. "Mais cela ne sera pas facile. Seule une chanson magique peut le réveiller."

Magali se rappela alors une berceuse que sa mère lui chantait chaque nuit. Elle se mit à chanter doucement, sa voix résonnant dans la grotte sombre. Peu à peu, la fumée noire commença à se dissiper, et Draconis ouvrit lentement les yeux.

"Qui ose me réveiller ?" grogna le dragon, mais en voyant Magali et Luna, son expression changea. "Je sens une force pure en toi, petite fille. Qui es-tu ?"

Magali expliqua la situation et Draconis, maintenant pleinement réveillé, compris ce qui s'était passé. Il avait été ensorcelé par une sorcière maléfique nommée Maléficia, qui voulait s'emparer du Royaume des Rêves Éveillés.

"Nous devons trouver Maléficia et détruire son pouvoir," dit Draconis. "Suivez-moi."

Magali, Luna, et Draconis volèrent ensemble vers le repaire de Maléficia, une tour sombre entourée de brumes épaisses. À l'intérieur, ils trouvèrent Maléficia, une sorcière au visage hideux et aux yeux perçants.

"Vous ne pouvez pas m'arrêter!" cria-t-elle en lançant des sorts de toutes parts. Mais Magali, avec le courage d'un lion, s'avança et chanta encore une fois la berceuse. La voix douce de Magali traversa les sorts de Maléficia et la sorcière se mit à trembler. Finalement, elle disparut dans un nuage de fumée, et son pouvoir maléfique fut brisé.

Le Royaume des Rêves Éveillés fut sauvé. Les cauchemars disparurent, laissant place à des rêves doux et merveilleux. Les enfants du monde entier pouvaient à nouveau rêver paisiblement.

Draconis, reconnaissant, remercia Magali. "Tu as sauvé notre royaume. Nous te devons une éternelle gratitude. Si jamais tu as besoin de nous, nous serons là."

Magali fit ses adieux à Luna et Draconis et retourna chez elle. Elle se réveilla dans son lit, le livre magique toujours serré contre sa poitrine. Elle réalisa alors que même les rêves les plus fous peuvent devenir réalité avec un peu de courage et beaucoup de cœur.

À partir de ce jour, Magali continua de lire les histoires du livre magique, sachant que chaque nuit, une nouvelle aventure l'attendait dans le Royaume des Rêves Éveillés. Et ainsi, chaque soir, elle fermait les yeux avec un sourire, prête à découvrir les merveilles et les mystères qui l'attendaient.

Magali and the Mystery of the Waking Dreams

In a small town called Clocheville, where the church bells chimed joyfully every hour and the gardens were always filled with vibrant flowers, lived a little girl named Magali. Magali was not an ordinary little girl. She had a boundless imagination that took her to wonderful worlds every time she closed her eyes.

One day, while walking in the park with her dog Pipo, a cute black poodle, she found an old dusty book under a bench. Curious, Magali opened the book and discovered that it was filled with magical stories and colorful illustrations. But this was no ordinary book. Every time she read a story, she found herself transported to the world described in the book.

That evening, before going to bed, Magali decided to read one of the stories from the book. She chose a story titled "The Kingdom of Waking Dreams." As soon as she read the first lines, she felt a gentle breeze and found herself in a strange and wonderful place. The trees were made of candy, rivers flowed with chocolate, and the sky was dotted with cotton candy clouds.

Magali was amazed by what she saw. She met a blue unicorn named Luna, who quickly became her friend. Luna explained that this world was the Kingdom of Waking Dreams, a place where children's dreams became reality. But there was a problem: some children's dreams had turned into nightmares, and they threatened to destroy the kingdom.

"Magali, you are the only one who can help us," said Luna with a gentle but urgent voice. "You must find the source of these nightmares and stop them before they destroy everything."

Magali, though slightly scared, felt ready to take on this challenge. She climbed onto Luna's back, and together, they flew across the kingdom, searching for the source of the nightmares. They traveled through dark forests, high mountains, and mysterious lakes. Finally, they arrived at a sinister cave, from which an ominous red light emanated.

Inside the cave, they found a sleeping dragon, surrounded by black smoke. Luna explained that this dragon, named Draconis, was the guardian of dreams. But someone or something had enchanted him, turning his dreams into nightmares.

"We must wake Draconis and break the spell," said Luna. "But it won't be easy. Only a magical song can wake him."

Magali then remembered a lullaby her mother sang to her every night. She began to sing softly, her voice echoing in the dark cave. Gradually, the black smoke began to dissipate, and Draconis slowly opened his eyes.

"Who dares to wake me?" growled the dragon, but seeing Magali and Luna, his expression changed. "I sense a pure force in you, little girl. Who are you?"

Magali explained the situation, and Draconis, now fully awake, understood what had happened. He had been enchanted by an evil witch named Maléficia, who wanted to take over the Kingdom of Waking Dreams.

"We must find Maléficia and destroy her power," said Draconis. "Follow me."

Magali, Luna, and Draconis flew together to Maléficia's lair, a dark tower surrounded by thick mists. Inside, they found Maléficia, a witch with a hideous face and piercing eyes.

"You cannot stop me!" she screamed, casting spells in all directions. But Magali, with the courage of a lion, stepped forward and sang the lullaby again. Magali's soft voice cut through Maléficia's spells, and the witch began to tremble. Finally, she disappeared in a cloud of smoke, and her evil power was broken.

The Kingdom of Waking Dreams was saved. The nightmares vanished, giving way to sweet and wonderful dreams. Children all over the world could dream peacefully again.

Grateful, Draconis thanked Magali. "You have saved our kingdom. We owe you eternal gratitude. If you ever need us, we will be here."

Magali bid farewell to Luna and Draconis and returned home. She woke up in her bed, the magical book still clutched to her chest. She realized then that even the wildest dreams can become reality with a bit of courage and a lot of heart.

From that day on, Magali continued to read the stories from the magical book, knowing that each night, a new adventure awaited her in the Kingdom of Waking Dreams. And so, each evening, she closed her eyes with a smile, ready to discover the wonders and mysteries that awaited her.

Anton et la Machine à Fabriquer des Amis

D ans un petit village pittoresque nommé Nicaise, entouré de collines verdoyantes et traversé par une rivière scintillante, vivait un garçon nommé Anton. Anton était un garçon de huit ans, intelligent et curieux, mais il se sentait souvent seul. Il n'avait pas beaucoup d'amis et passait la plupart de son temps à lire des livres ou à inventer des machines farfelues dans son atelier secret, situé dans la grange derrière la maison de ses parents.

Un jour, alors qu'il fouillait dans le grenier de la grange, Anton découvrit une vieille boîte poussiéreuse. À l'intérieur, il trouva des plans étranges et détaillés pour une machine mystérieuse. "La Machine à Fabriquer des Amis" était inscrit en lettres dorées sur la première page des plans. Les yeux d'Anton s'illuminèrent. C'était exactement ce dont il avait besoin !

Avec une excitation débordante, il commença à assembler la machine. Il passa des jours et des nuits à travailler dessus, utilisant des pièces de vieilles horloges, des ressorts et des boulons, et même quelques ustensiles de cuisine que sa mère ne voulait plus. Enfin, après une semaine de dur labeur, la machine était prête.

Anton plaça un vieux chapeau melon sur sa tête, ajusta ses lunettes de protection, et appuya sur le gros bouton rouge au centre de la machine. Elle se mit à bourdonner, à siffler et à émettre des lumières clignotantes. Puis, tout à coup, un nuage de fumée en sortit, et lorsqu'il se dissipa, Anton vit un garçon de son âge se tenir devant lui.

"Bonjour," dit le garçon avec un grand sourire. "Je m'appelle Max. Veux-tu être mon ami ?"

Anton était ravi. Il venait de créer son premier ami ! Max était drôle, amical, et savait toutes sortes de choses intéressantes. Ils passèrent la journée à jouer ensemble, à courir dans les champs et à explorer la forêt voisine.

Le lendemain, Anton décida d'essayer la machine encore une fois. Cette fois-ci, une petite fille nommée Léa apparut. Elle était vive, malicieuse et pleine de bonnes idées pour des jeux amusants. Bientôt, Anton avait une petite bande d'amis composée de Max, Léa, et d'autres enfants qu'il avait fabriqués avec la machine.

Cependant, Anton remarqua quelque chose d'étrange. Ses nouveaux amis semblaient toujours d'accord avec lui. Ils ne discutaient jamais, ne posaient pas de questions et ne semblaient pas avoir leurs propres opinions. Cela commença à ennuyer Anton. Il se rendit compte qu'avoir des amis qui ne faisaient que le suivre et le flatter n'était pas aussi amusant qu'il l'avait imaginé.

Un jour, alors qu'il se promenait dans le village avec Max et Léa, Anton rencontra un garçon qu'il n'avait jamais vu auparavant. Le garçon avait l'air d'être perdu, alors Anton s'approcha de lui.

"Bonjour, je m'appelle Anton. Tu es nouveau ici ?"

"Oui," répondit le garçon. "Je m'appelle Louis. Ma famille vient d'emménager. Je n'ai pas encore d'amis ici."

Anton sourit et invita Louis à jouer avec eux. À sa grande surprise, Louis était différent de ses autres amis. Il avait ses propres idées, posait des questions et même argumentait de temps en temps. Anton trouva cela rafraîchissant et très amusant. Il se rendit compte qu'un vrai ami était quelqu'un avec qui on pouvait partager des idées, apprendre des choses nouvelles et même avoir des désaccords de temps en temps.

Ce soir-là, Anton prit une décision importante. Il retourna à son atelier et débrancha la Machine à Fabriquer des Amis. Il savait maintenant que les vrais amis ne pouvaient pas être fabriqués, ils devaient être trouvés et chéris pour ce qu'ils étaient.

Anton et Louis devinrent rapidement les meilleurs amis du monde. Ensemble, ils découvrirent de nouvelles passions, inventèrent des jeux et même travaillèrent sur de nouvelles inventions dans l'atelier d'Anton. Max, Léa, et les autres amis fabriqués par la machine furent rangés dans un coin, toujours là pour des moments de nostalgie, mais jamais plus comme compagnons principaux.

Les jours passèrent et Anton comprit que la vraie magie de l'amitié résidait dans la diversité et l'authenticité. Avec Louis à ses côtés, chaque jour était une nouvelle aventure, remplie de rires, de découvertes et parfois même de petites disputes qui les rapprochaient encore plus.

Anton continua de bricoler dans son atelier, mais maintenant, il partageait ses idées et ses inventions avec Louis. Ils devinrent célèbres dans le village pour leurs créations incroyables, et bientôt, d'autres enfants rejoignirent leur groupe, apportant encore plus de diversité et de joie à leurs aventures.

Et ainsi, Anton apprit une leçon précieuse : les amis ne se fabriquent pas, ils se découvrent. Ils viennent avec leurs propres histoires, leurs propres idées et, ensemble, ils créent des souvenirs inoubliables. Anton n'était plus jamais seul, entouré d'amis vrais et précieux, il savait qu'il avait trouvé quelque chose de plus précieux que n'importe quelle machine : la véritable amitié.

Anton and the Friend-Making Machine

In a picturesque little village named Nicaise, surrounded by verdant hills and traversed by a sparkling river, lived a boy named Anton. Anton was an eight-year-old boy, smart and curious, but he often felt lonely. He didn't have many friends and spent most of his time reading books or inventing quirky machines in his secret workshop, located in the barn behind his parents' house.

One day, while rummaging through the attic of the barn, Anton discovered an old dusty box. Inside, he found strange and detailed plans for a mysterious machine. "The Friend-Making Machine" was inscribed in golden letters on the first page of the plans. Anton's eyes lit up. This was exactly what he needed!

With overflowing excitement, he began assembling the machine. He spent days and nights working on it, using parts from old clocks, springs and bolts, and even a few kitchen utensils his mother no longer wanted. Finally, after a week of hard work, the machine was ready.

Anton placed an old bowler hat on his head, adjusted his safety goggles, and pressed the big red button in the center of the machine. It began to buzz, whistle, and emit flashing lights. Then, suddenly, a cloud of smoke emerged, and when it dissipated, Anton saw a boy his age standing in front of him.

"Hello," said the boy with a big smile. "My name is Max. Do you want to be my friend?"

Anton was thrilled. He had just created his first friend! Max was funny, friendly, and knew all sorts of interesting things. They spent the day playing together, running through the fields, and exploring the nearby forest.

The next day, Anton decided to try the machine again. This time, a little girl named Léa appeared. She was lively, mischievous, and full of great ideas for fun games. Soon, Anton had a small group of friends consisting of Max, Léa, and other children he had made with the machine.

However, Anton noticed something strange. His new friends always agreed with him. They never argued, never asked questions, and didn't seem to have their own opinions. This began to bore Anton. He realized that having friends who only followed and flattered him wasn't as fun as he had imagined.

One day, while walking through the village with Max and Léa, Anton met a boy he had never seen before. The boy looked lost, so Anton approached him.

"Hello, my name is Anton. Are you new here?"

"Yes," replied the boy. "My name is Louis. My family just moved here. I don't have any friends yet."

Anton smiled and invited Louis to play with them. To his great surprise, Louis was different from his other friends. He had his own ideas, asked questions, and even argued occasionally. Anton found this refreshing and very enjoyable. He realized that a real friend was someone with whom you could share ideas, learn new things, and even have disagreements from time to time.

That night, Anton made an important decision. He returned to his workshop and unplugged the Friend-Making Machine. He now knew that real friends couldn't be made; they had to be found and cherished for who they were.

Anton and Louis quickly became the best of friends. Together, they discovered new passions, invented games, and even worked on new inventions in Anton's workshop. Max, Léa, and the other friends made by the machine were put away in a corner, always there for moments of nostalgia, but never again as main companions.

As days passed, Anton understood that the true magic of friendship lay in diversity and authenticity. With Louis by his side, each day was a new adventure, filled with laughter, discoveries, and sometimes even small quarrels that brought them closer together.

Anton continued tinkering in his workshop, but now, he shared his ideas and inventions with Louis. They became famous in the village for their incredible creations, and soon, other children joined their group, bringing even more diversity and joy to their adventures.

And so, Anton learned a valuable lesson: friends aren't made; they are discovered. They come with their own stories, their own ideas, and together, they create unforgettable memories. Anton was never lonely again, surrounded by true and precious friends, he knew he had found something more valuable than any machine: true friendship.